Anmerkungen zum Sonnenstand

Gedichte

Martin Westenberger

Dorante Edition

Anmerkungen zum Sonnenstand

Gedichte

Martin Westenberger

Bibliografische Information durch die Deutsche Nationalbibliothek: Die
Deutsche Nationalbibliothek verzeichnet diese Publikation in der Deut-
schen Nationalbibliografie; detaillierte bibliografische
Daten sind im Internet über http://dnb.d-nb.de abrufbar.

Herausgegeben durch das Literaturpodium, Dorante Edition
Berlin 2018, www.literaturpodium.de
ISBN 9783746050058

Foto auf der Vorderseite: Martin Westenberger
Lektorat: Rainer Vollmar

Herstellung und Verlag: BoD – Books on Demand, Norderstedt

kurzer abriss religiöser ekstase

mit dem fahrzeug freier wahl den berg freier wahl
hinauffahren, um hinunterzublicken,
sonne und musik freier wahl,
jedenfalls köstliches brett bis in die fußspitzen,

musik, die das lebensgefühl eurer zeit auf
den punkt bringt, das ganze befestigt
von einem klugen artikel,
der alles in die richtige folge setzt,

die wellen aus dem lautsprecher
lesen euch die leviten,
schön beschleunigt den anstieg entlang,
dann wie eine sänfte,

musik muss jetzt die haut frieren und
die augen tränen lassen,
dann kommt der schriftzug
kurzer abriss religiöser ekstase.

meister eckhart hat auf diesen moment gewartet, er sitzt
im kreuzgang und blickt auf seine ledersandalen,
so ist es recht, ihr müsst euch nur offen halten und hoffen,

dass es irgendwann passiert, er steht auf und
geht den kreuzgang ja, ja, ja! jetzt höre auch ich
den fernen klang, singt er durch die jahrhunderte,

schön wie ihr da fahrt, macht euch nur trunken und sehet den
schriftzug von strophe vier, haltet euch offen, bemüht euch,
aber erzwingt nichts, nur dann kann das göttliche eingang

in euren seelengrund finden, meister eckhart, was für ein brett,
das qualmt ja voll rein, die weisheit, die sie da gefunden haben,
blaise pascal hatte doch auch so etwas in einer nacht,

da geschah es und er notierte heilige worte nur für sich und
nähte diese in seinen mantelsaum ein, erst als er tot war,
fand man das zeugnis jener nacht,

das kann schon alles sein, ruft uns meister eckhart
zu und euer sänger, was macht er da,
ich wusste doch, er liegt auf dem boden und versucht

das puzzle ineinander zu fügen, er braucht dazu
nur ein paar worte, die gekreuzt mit klängen,
ich wusste doch, es wird geschehen, ich habe euch gesagt,

das sage ich immer
in meinen lächerlichen sandalen und
meinem lächerlichen tun,
dankbar für alles.

herr füdschli

ich war drei jahre alt, da wohnten wir im
viergeschossigen sozialbau,
alles war gepflegt
mit gut lesbaren schildern,
wiese, wäschetrockenplatz,
sandkasten, autogaragen in klinkerstein.

wenn man heute dort hinfährt,
sieht es noch immer so ähnlich aus,
weil alles konserviert ist
vom feinen duft der chemiewerke, und
über uns wohnte
herr füdschli, den ich nie gesehen habe.

aber ich weiß von ihm,
dass er meistens betrunken war und
in seiner wohnung randalierte.

heute abend lief er draußen an unserem haus vorbei,
er sah aus wie ein
strichmännchen aus den fünziger jahren,
ein hb-männchen, weil er
wegen allem in die luft gehen konnte,

seinem scheiß doktortitel,
seiner dünnen gestalt,
dem dreckigen krieg,
den massakrierten und den toten,
er schlug gerne sachen zusammen, er
konnte ganz schnell irgendwas zusammentreten,
wenn sich die erinnerungen meldeten,

ich aber konnte schon laufen und meine mutter
hob mich auf den küchentisch und alles
war hellblau und
sie machte mir pfannkuchen,

die so golden wie sonne waren und
herr füdschli kam wieder betrunken
von seiner scheißarbeit
aus seiner scheißfirma
in dem stillen, ordentlichen scheißland
zurück und er schlug alles zusammen
in der wohnung und polterte und
schrie so laut, dass wir unten in
schrecken erstarrten.

meine mutter nahm einen besenstiel,
schlug gegen das ofenrohr, dann
gegen die decke und sie blieb ruhig,
saugte aber die luft sehr laut
durch ihre nasenlöcher ein,
damit ihr kleiner junge
nur möglichst wenig von
herrn füdschlis
ausrasten mitbekam.

und es war die dreckige zeit und
diese stille und
das von früher,
was ihn nicht mehr schlafen ließ und
jeden tag
den doktortitel tragen und
schön war es,
wenn der schalter umgelegt wurde und
gewalt gegen seine sachen möglich war.

meine herrlichen, goldgelben pfannkuchen,
wie liebte ich sie schon damals,
dann öffnete ich das küchenfenster,
weil man mir erzählt hatte,
dass herr füdschli
etwas aus dem fenster geworfen hatte und
in den winterlich kahlen büschen
sah ich weiße streifen klopapier
sich langsam bewegen.

Ihr lieben, lieben sommerbuzzis!

mit meiner liebsten saß ich draußen, aus dünnem
lautsprecher hörten wir ruhige musik, wir
tranken ein gläschen und stimmten überein,
dass gerade sommer sei.

jetzt ist es spät und noch nicht einmal büchsenlicht, ihr
könnt ganz leicht bekleidet ausgehen und euch eurer
reife erfreuen, daran, wie schön alles vor euch liegt und
dass das gut ist so.

was ist mit den dreckigen drecksproblemen überall, weg
damit, es ist euer gutes recht, dem elend die schulter
zu bieten, schon morgen seid ihr wieder wohltätig,
hilfreich und gut, ich, eure liebe mutter, weiß das doch!

also geht noch mal aus und macht euer sommerbuzzi-ding
gerade so, wie es euch gefällt, vergesst den herbst mit wer
jetzt kein haus hat usw., jetzt braucht ihr kein haus, es reicht
völlig aus, sich in den nächsten park fallen zu lassen

und etwas an der erde zu schnuppern, ihr sollt nicht solchen
quatsch denken wie und später die radieschen von unten sehen,
hört auf mit diesem geseier, sonst schnürt es eurer guten mutter
noch den puls zu, ihr seid doch schlau und alle darauf aus,

eure zeit zu nutzen, schön mit dem satz epikurs, dass der tod
uns nicht zu interessieren habe, da er etwas gänzlich anderes sei
als dieses leben hier, das ihr sommerbuzzis gerade so mit vollen
eisbechern, schönen getränken, schattigen räumen,

einfühlsamen gesprächen, lauter musik, breiten straßen,
vorgärten und parks, holzfeuer und schnutzfuzzel
zu nutzen und genießen wisst, recht so, ihr guten, lieben
sommerbuzzis, und seid gewiss, eure liebe mutter ist mit euch.

fischbadetag

als freund der aufklärung fühle ich mich getragen
von sätzen wie, handle stets nach dem imperativ und
mache die maxime zu deinem inneren gestirn,
nur im spiel ist der mensch ganz bei sich,
dichterisch wohne der mensch,
was du heute kannst besorgen,
diese unendlichen weiten machen mich schaudern,
so ist es gut, so ist es recht,
niemand sei herr, niemand sei knecht.

etc.

und natürlich, dass nur die liebe real ist,
das leben aber auch hart und
dass wir alle sterben werden.

jedenfalls fühle ich die mission der humanitas
in mir walten und ebenso die idee,
dass der mensch
besser nicht alleine sei.

immer wieder fahre ich eine straße entlang,
sie führt erst durch einen wald,
dann kommt eine lichtung,
dann eine kehre und ein flusslauf.

häufig sehe ich hier
drei männer stehen,
sie tragen weiße imkeranzüge,
ja, und stehen da einfach rum.

also, ich als freund, wie oben genannt,
halte an und gehe zu den weißen männern.

in der wiese haben sie
ein kleines schild aufgestellt,

auf dem schild steht
fischbadetag,
und tatsächlich halten sie einen
recht großen, silbernen fisch
in ihren händen – und bürsten ihn
zärtlich ab.

guten tag, was machen sie da, will ich wissen,
fischbadetag, sagt der eine und schrubbt den fisch,
der andere mann zündet sich eine pfeife an
und schaut still zu.

aber sie baden den fisch doch gar nicht,
sie schrubben ihn, sage ich.

das stimmt, sagt der mann mit der pfeife.

der dritte mann
holt den nächsten silberfisch
aus dem flusslauf.

silberfisch ist etwas anderes,
sagt er zu mir,
das hier ist eine forelle.

dann schrubbt er ihr zärtlich über die kiemen,
der pfeifenraucher dreht sich ein wenig zu ihm hin.

das ist doch schweinekram,
was sie da machen,
sage ich, und dann geschieht,
was noch nie vor mir geschah.

die forelle spricht und sagt,
das war jetzt sehr angenehm, karl-heinz,
vielen dank,
dann wendet sie ihre klaren augen,
untrügliches zeichen ihrer frische und geistesgegenwart,
dem pfeifenraucher zu und sagt zu ihm:
egon, wenn du mich nun bitte wieder zum fluss bringst.

egon saugt noch einmal an seiner pfeife,
dann sagt er, mach ich, und trägt die frisch
geschrubbte forelle zum fluss zurück.

so geht das weiter in einer
choreographie,
deren sinn sich mir nicht erschließt,
aber das ist doch
kein badetag,
was sie da veranstalten,
sie schrubben
die forelle doch!

das stimmt, sagt egon.

der dritte mann hat sich mir nicht vorgestellt.

der dritte mann, sie kennen mich doch, sagt er,
und lächelt mir freundlich hinterher.

mit einem gefühl, als würde der boden
auf und abwogen,
gehe ich zu meinem wagen zurück.

wundersames, wunderbares leben, sage ich mir,
stelle mir ein paar rechenaufgaben und beruhige mich
mit dem gedanken, dass unser naturwissenschaftliches
weltbild uns immerhin zum mond geführt hat.

sofern es keine studioproduktion war.

zwei oder drei dinge aus dem zwischenraum

1.
natürlich ist die stadt schön,
jeder weiß das,
alt, ehrwürdig,
voller stein und verkehr, mit
blut begossen und
liebesrufen zwischen den mauern.

2.
da lässt sich gut flanieren,
in der waagrechten
durch die society,
in der vertikalen
durch die geschichte
und weiter.

3.
ab einem gewissen alter glauben sie,
alles zu wissen, zwischen
ein paar cocktail-nippern
zieht man es vor,
den anderen mit
preisgünstigen wahrheiten
zu verschonen, sie
sind ohnehin offenbar, warum
also darüber reden.

4.
es kann freude machen,
in der durchtanzten nacht
alles zu geben,
manche behaupten, das
täten sie immer, aber
das stimmt nicht.

5.
natürlich,
altes gemäuer,
schöne brunnen,
nachtpflanzen und innen
wertiges dekor,
feine stoffe,
lackschuhe, ein
champagner-seufzen.

6.
der abgeklärte blick, man
will sich schon lange
nicht mehr
behelligen lassen,
gelegentlich aber
nach sensationen quieken.

7.
herzzerreissende musik,
wer will denn
sein herz
zerreissen lassen.

8.
schöne bilder in sanftem delirium.

9.
wo die geschichte
hinplätschert
ist egal, es zählt immer
nur der augenblick.

10.
alle wollen
maximale schönheit,
dafür ist zuviel
geld
im umlauf.

11.
die geschichte möchte
in die tiefe
bohren, bis
zur ersten liebe, sie
gab ein zeichen für
alles,
was folgte.

12.
zur gleichen zeit robbt
mutter teresa,
fast erloschen, die
treppe zu ihrem herrn hinauf.

13.
die erste liebe,
was war das nur,
was der glaube.

14.
in der cocktail lounge
werden die lippen geschürzt.

15.
natürlich ist die stadt schön,
man sieht es jetzt deutlich
in der totalen.

ich traf gunther, günther, ganther

nach vielen jahren stand er am westhafen, ja,
hier kann man mal sitzen, von riegel-rudi sprechen
und mit reichtum einen song von sinatra intonieren,

karotten! – orangensaft nur von ausgepressten
orangen!

jetzt phil collins, dazu das hellblaue pilotenhemd,
schulterklappen, pilotenbrille, getönt zum westhafen,

gunther, günther, ganther,

brustwarzenhemd, jetzt schon auf dem boot,
ja, sicher, für einen nachmittag ist das schön,

noch freunde mitnehmen, auf die schönheit und
tiefe des lebens anstoßen, ernst sein, aber auch
spaß haben,

gunther, günther, ganther,

bald schon in best-dotierter stelle, sicher, man
kann einen nachmittag am westhafen verbringen,
einen song singen, natürlich, sehr gerne,

at the end of a highway

die pilotenbrille ein kleines stück das nasenbein
hochschieben, mit freunden anstoßen,
ich bin gerne zu allem bereit,

wo kann man steak essen, steak ist gut,
natürlich nur, wenn es was kostet,

es ist sommer!

ich bin so glücklich, dass ich überall
dabei sein kann,

ich habe schon viel zu viel erzählt,
ich möchte nur sagen,

gunther, günther, ganther,

ich möchte nur sagen,
ja, am westhafen kann man auch mal sein,

ich möchte alles von oben noch einmal
wiederholen und den text summen,
bitte summt mit mir, singt mit mir das lied von

gunther, günther, ganther,

ich traf ihn am westhafen, es
war an einem nachmittag im sommer,
er sah wohlwollend zu den teuren wohnungen,
ja, einen nachmittag kann man hier sein,

ich möchte noch einmal alles wiederholen,
bitte fangt mir mir von oben aus an,
bitte noch einmal

gunther, günther, ganther,

an einem nachmittag im sommer,

bitte noch einmal von vorn.

zwei atome liebe

1.
im kino fiel der satz, wie kann ich dir
vertrauen, wenn du das machst, ich versuche
dir zu glauben, was du sagst, aber wie kann ich
dir vertrauen, sicher, ich möchte dir gerne vertrauen,
aber wenn du das machst, wie soll ich dir da vertrauen,
wo ich dir doch vertrauen muss, du weißt, dass ich dir ver-
trauen muss, aber so kann ich es nicht, wie kannst du das machen
etcetcetc.

der zweite satz war, natürlich, mein liebling, ich habe eine
lebensversicherung ausgestellt und dir alles überschrieben, jetzt
möchte ich, dass du dir dein gesicht ummodellieren lässt, ja, ich
wünsche mir, dass du aussiehst wie ich, als ich jung war.

dazu morgenmäntel, weite fluchten,
architekturfreie urbanität
in der wüstenzone.

vom kino weg führte die asphaltstraße zum nächsten freien platz,
dunkel, regennass, etc., da
brach der asphalt ein,
ringförmig sackte er heiß nach unten,
oben blieb ein feuerkranz,
niemand wusste warum, keiner fragte,
ob es überlebende gab, das hatte zuvor
nur johnny cash
einmal erlebt.

2.
sehr schnell, fast plötzlich, also im modus einer
erfahrungsweise des modernen bewusstseins, offen
für glück und katastrophen, wurden ihre augen
zu glühenden bernstein-oliven, zwei kleinen
expeditionsschiffen auf dem amanzonas, die das
gesamte ihr gegenübersitzende land
feierlich in besitz nahmen.

18

babylove

das kommende ding sind
pez-automaten,
hier kann man die hülle von
babylove
kaufen.

babylove
trägt einen blauen hut,
ihr kleid ist gelb,
hinten mit taste, die den
strahlenden kopf
hochfahren lässt.

große, blaue disney-augen
warm warm warm,
ihr lächeln
aus vielen vielen
pez-mint-zähnen.

alle haben sich um
babylove
versammelt, sie
drücken immer wieder
den knopf,
der
den kopf
so schön
hochfahren lässt.

dann tanzen sie den
babylove-tanz.

einer
erhebt seine stimme,
das hier sei doch alles
schund,

wer spreche denn
heute noch
von
pezi-automaten-girls,
wer begeistere sich
heute noch
an
ausfahrbaren köpfen
und
bedienungs-kult.

da wird ihm von
babylove
aus dem hochgefahrenen
kopf
ein
babylove
pez-mint
in den mund gesteckt,

dann singt auch
er
das lied von
babylove
und tanzt
den
babylove
pez-mint-tanz.

dirty realism

1.
vor jahren las ich abends eine geschichte.

2.
drei männer um die fünfzig trafen sich
irgendwo
an einer schlammkreuzung.

3.
große gewehre, ein pick-up,
schwere stiefel.

4.
es war zunächst nicht klar, ob sie auf
die jagd gingen, sie sprachen nicht viel.

5.
einer sagte dann, dass seine liebe zu
angel,
seiner fünfzehnjährigen braut,
rein sei.

6.
sie fuhren durch eine gegend aus
rocks and trees,
trees and rocks.

7.
dann knallten sie große tiere ab und
ließen sie liegen.

8.
es wurde spät, und sie beschlossen,
noch ein haus zu überfallen.

9.
der besitzer war zuhause und schoss
einem der männer
nach amerikanischem recht
in den bauch.

10.
dann schossen die beiden anderen
den hausbesitzer tot.

11.
nachdem sie ein paar sachen
mitgenommen hatten, fuhren sie weiter.

12.
der mit dem bauchschuss lag hinten
auf der laderampe und stöhnte.

13.
der beifahrer erzählte dem fahrer von
seiner liebe zu angel.

14.
sie fuhren noch ein stück weiter.

15.
sie hätten auch ein schlammstück abgrenzen
können, sagen, das gehört jetzt uns und es
mit ihren riesigen gewehren verteidigen können.

16.
nach rousseau der beginn der bürgerlichen gesellschaft.

17.
hat sie nicht interessiert, die geschichte verlor sich dann.

18.
vielleicht auch in meiner erinnerung.

19.
auch vor jahren
sagte ein freund,
er wolle sich fortan
nur noch für
kunst
natur
religion
interessieren.

20.
ich band mir eine decke um,
schnallte mich am stuhl fest und
las eine andere geschichte.

lackland

römisch eins:
im eimer ist klares wasser, ein
schwamm und schaum wie die wolken.
erst alles sauber machen, mit dem
schlauch vom dach her abspritzen, später
am kühlergrill rubbeln, der
fliegendreck muss weg, den
chromkühler
anhauchen,
polieren,
anhauchen, bis
man sich
streifenfrei darin erkennt.

römisch zwei:
herr betz hatte früher alles weggetrunken, was
sich ihm in den weg stellte, er trank auch, um
ordnung zu schaffen, bis alles
fein säuberlich
in einer kiste aus holz lag, von
der sonne beschienen.

als endlich alle weg waren, gelang es ihm
nach jahren,
von der sauferei loszukommen.

sein neues ding war nun, gut und viel
zu arbeiten, bis er in seinem ganz
persönlichen nirwana
angekommen war, da
gabs dann nix mehr mit inwendiger
zappelei, da war
endlich die ersehnte, große ruhe.

die erst einmal erreichen!

die leute erzählten sich, dass herr betz
in seiner einsamen doppelgarage einen
riesigen, alten, verrosteten
mähdrescher stehen hatte.

dann begann sein projekt ewiger friede:

zwei tage und nächte lang hatte er alles
komplett abgeschliffen, dann
grundiert mit
fixfack, in
einer weiteren nacht
mit rotem sprühlack den
kompletten mähdrescher lackiert.

als sich eines mittags das
tor öffnete, wankte
herr betz auf die straße, die
blaue montur und
alles, auch
der bart,
das gesicht,
die hände,
soweit man von ihnen
noch sprechen konnte,
komplett lackrot und
fast tot, betrat er
röchelnd die straße und
wusste von keiner zeit und
sonstigen erfindungen, er
wusste auch nicht mehr, wo
sein haus stand, aber
endlich war ruhe, dachte
er, als er endlich auf
der anderen straßenseite
zum unbestimmten liegen kam.

römisch drei:
die straße war viel zu lang, die
dreckige straße zog sich

durch die ganze stadt und
überall war lärm,
gestank und sonne, trotz
autowaschstraße, ein job, der
den mann von der straße
holte, aber
das half nichts, es
lag ihm nah und wurde immer
zwingender, nach
dem einhundertzweiundreißigsten
heckscheibenwischer, über den er
einen pariser gezogen hatte, die
verdammte vorgesprühte
scheißarschhimmeldrecksaukiste
zusammenzutreten, nach
strich und faden, mit
diversen sprungkicks,
hammerschlägen und
furchtbaren schreien,
rotem kopf,
als hätte er ihn sich
genauso lackiert wie
römisch zwei.

andere kamen, sie
verschafften dem
mann von der straße ihrerseits mit
ein paar sprungkicks
vorläufigen frieden.

römisch vier:
zum glück ist das alles
nur wirklich!

römisch fünf:
man kann kritisieren, dass
römisch zwei und drei etwas
eindimensional nebeneinander liegen.

römisch sechs:
damit hat man gute
argumente gegen gewisse
schnarchhaltige aspekte des
lebens.

römisch sieben:
römisch eins darf man nicht ganz
aus dem blick lassen, da
sind die zarten knospen
einer ungewissen zukunft sichtbar.

römisch acht:
nehmen wir uns in den arm und
gehen ein gläschen trinken.

auf den autobahnen

kommt schon,
wir gehen zum mann auf der leiter,
im orangenen anzug
pinselt er am blauen schild,
mit dem blau von aral
malt er seen und himmel.

wir sind in deutschland,
zu blau passt gelb,
wir zeigen dem schildermaler:
die gelbe sonne,
ein capri-eis,
köstlich zum blau der autobahn,

kommt schon,
wir erzählen ihm von unserer letzten panne,
wie sehr der schutzbrief half,
lasst uns in den stahltoiletten
unzählige schilder aufhängen
mit der inschrift,
der schutzbrief hat geholfen.
der schildermaler sagt nichts.

zeigt mehr bemühen und wendet nicht den kopf,
kommt schon,
lasst uns noch einmal
salutieren und ihm emporrufen,
autobahnen sind die kirchen unserer zeit,
sie malen dort oben
ganz sicher ein heiliges bild.

schon recht, schon recht,
psalmt er in den äther, dann
schwebt er langsam die leiter hinunter,
einer köstlichen orange ähnlich.

28

wenn es gut läuft in deutschland und
die sonne scheint,
bin ich tag und nacht
auf der autobahn,
dann sehe ich donald und
seine neffen hinten im roten auto sitzen,
sie fahren in die grünen wälder kanadas,
an einen blauen see,
zum angeln,
versteht ihr, was ich meine.

das erlebe ich nur auf der deutschen autobahn,
gebirge, flachland,
praktisch alles da.

ihr versteht nicht,
ihr braucht hilfe, bitte,
da kommt die gelbe sänfte,
getragen von achtzig millionen krabbelbeinchen.

auf der gegenbahn
zwei herrenreiter des avd,
sie ziehen ab,
sie sind zu endalt,
deutschland ist cool und
wird von mittelaltem gelb regiert.

habt ihr denn schon den schutzbrief,
fragt der gelbe mann,
da fällt das blau des schildermalers
von der leiter,
es färbt den gelben engel grün,
die farbe, die deutschland noch fehlte.

das grün des deutschen waldes, der
noch immer nicht gestorben ist.

den schutzbrief in unserem herzen
salutieren wir ein letztes mal,
drehen die musik laut und
fahren mit topspeed
in das rote herz unserer blauen liebe.

kommt schon,
sagt einmal wenigstens,
danke, deutschland.

die neuen erfahrungen

fahrt in die richtung,
wo die sonne später stehen wird,
habt schon eure neuen kleider an,
es können auch gerne
die vom vorjahr sein.

allgegenwärtig eine silberdecke,
die einen neuen lichtfleck trägt.

dies war der dunkelste winter bisher,
jetzt, in richtung des künftigen sonnenstands,
soll alles leichter werden und
uns menschen ein vorbild sein.

eine motorhaube schwebt ein,
sie trägt metallic-braun und
nickt uns freundlich zu.

auch ein baumarkt
steigt langsam auf,
zärtlich umschwebt er die motorhaube
und gibt ihr den
seriösen hintergrund.

noch leben wir
ohne wassernot und
auch den weg zum briefkasten
müssen wir uns nicht freischießen.

wohlwollend nickt uns die
motorhaube zu und
auch der baumarkt lächelt.

dies ist die zeit des friedens,
in der wir uns sanft ausbeuten sollen.

in den metzgereien
hüpfen die wurstscheiben
kurz auf und drehen sich,
dass es eine freude ist.

wer diese zeichen nicht erkennt,
mache einfach weiter
wie bisher.

schon liegen die wurstscheiben still,
schon ist der himmel
wieder zugezogen.

einhundertfünfzig jahre hassia

mütter, mit glockenhellen stimmen, haben
alles schön gemacht, schön sehen sie aus,
ihre augen mit starkem weißkontrast,

gehörig retuschiert und strahlend, auch
ihre haut, samten, als wäre sie von einem
rehlein, aber wehrhaft, halten sie
alles zusammen.

väter blasen die grüne matratze für
das picknick an der waldlichtung auf, alles
fällt in sonne und grün, hier

steht der volkswagen, ein
tarnpanzer im busch,
davor die picknick-decke,
daneben die matratze aus

der guten chemie, dem
angestrengten väteratem, ihren
gefurzten, kurzen hosen, den
ledersandalen, dem blasebalg, der
eine geschichte hechelt von

schweigen, nie werde ich darüber sprechen,

mückenstechen, mücken-weg-öl,
trockenes brot mit margarine und
kirschmarmelade, unter

der motorhaube hinten, ein
heimeliges knacken, die väter
schlafen ein, nach kurzer zeit
ihre schreckensrufe,

partisanen!
nicht doch, horst,
beruhigen ihre frauen.

ein traum von margarine, trockenem brot,
stechmücken und den bitzeligen dingen, die
schön sind, aussicht
auf einen schattigen raum, ein
lieblingsspielzeug, das
heftchen im eck.

das gute, klare hassia wasser, das
alle träume besänftigt, die
väter wieder erdet, wenn
sie beginnen, das
picknick zu beenden.

einhundertfünfzig jahre hassia, leute,
gedenkt dem gründer hinkel,
achtzehnhundertvierundsechszig, in
bad vilbel war es, als er auf dem
familiengrundstück anfing,
ein paar löcher zu bohren, vielleicht
aus langeweile.

die dreckigen partisanen!,
schreien die kriegserfahrenen väter,
die damals,
jeden tag neu,
mit ihrem leben abschlossen.

dann steigen die familien in ihr
schönes autos, das
wotan heißt.

auf dem weg nach hause verengen sie
still
geschichte
auf die jahre

ihrer zufälligen existenz.
freiheit ist, nach einem tiefen schluck
hassia,
den kopf zur sonne richten und es
knallen lassen,
gerade so,
wie der flieger über den köpfen
die schallmauer durchbricht.

höchster fass

ich fuhr gegen westen, nach
zehnkommaeins kilometern
im rücken eine tonnen-frau mit
blondem pagenhaar,
verblichen-roter bluse,
verblichen-rotem wagen,
verblichenem mann,
unruhig stehend, vom
linken säulenbein zum rechten.

sie lächelte zu einer nachbarin,
sagte, inhaltsstoffe, und
rülpste in den hallraum der
häuser aus vergangener zeit,
wie damals im weinkeller,
rief sie der anderen zu.

am äußersten rand der stadt
gerade wege, begrünte zone,
vorhof der tiefflieger,
doch alles lag im stillen nebel.

zwei wagen aufgebockt auf
zersprungenen betonplatten,
schraubenschlüssel, ölhände,
schweigen in einer anderen sprache.

eine studiengruppe im dritten lebensalter,
zum ausgleich der tiefflieger
eingehendes betrachten eines
riesigen loches
auswärtiger herkunft.

am fluss ein brunnen
gestapelter untersetzer,
aus beton gegossen.

drei personen im vierten lebensalter,
zwei frauen in intensiver frequenz,
ein mann,
sitzend eingeschlafen
oder tot.

etwas deichartig langgezogenes.

an der farbenstraße,
straße der väter,
im runden tritt geradeaus,
ein alter, zerbeulter motorroller,
auf ihm ein mann in
liegeposition mit
kippe im mund, blickte
herüber und lachte,
was machst du da.

an der farbwerksbrücke,
gespoilertes motorrad mit
dem sound von abbrucharbeiten
der gesamten zone,
ein dicker, junger mann mit
fleischwurst-blick,
schwarzer sportkleidung mit
weißen, asiatischen kampfansagen.

über allem lag etwas schönes, das
es nicht für notwendig befand,
sich zu zeigen.

wir, sicher
hinter den türen,
glücklich,
alles zu bedenken.

frankreich um 1970

immer rauchend und in trenchcoats, keine regung,
stahlblaue augen, animalisches braun mit tiefer gelegter
zärtlichkeit, die keiner mehr sieht.

zwanzig minuten schweigen sind noch immer zu laut.

züge, handschellen, geborstenes glas, ein wald
in schwarz-weiß, lehm, blätter, hohlwege,
eine meute hunde unter den dürren ästen.

noch im kofferraum rauchend, sei ruhig.

willst du.
gut.

geschlossene, feuchte räume, ein schrankkoffer,
eidechsen, vögel, kakerlaken, schlangen, krebse,
alle kommen.

das bündel geld in der innentasche des trenchcoats,
durchschossen und blutig.

schlammwege, nasse straßen, tunnelblick.

nein, nicht l´amour l´après midi,
noch in dem tanzlokal jeder frau den rücken zugewandt.

schüsse im späten jahr, zwei tote am tag zuvor.

amerikanische wagen, silberne anzüge, helle trenchcoats.

du redest zu viel.

der mann mit flaschentieren sieht gut aus,
schwarzer anzug, dunkle hornbrille, später
den lackschuhen, die er sich um den hals
hängt, damit ihn niemand hört.

er hat nur einen schuss, von dem alles abhängt.

minutiöses vorgehen, einpacken von allem, uhrenvergleich,
kippe im mund.

du redest zu viel.

wieder die beine der tänzerinnen, die nur die rücken der männer sehen,
personalintensives schweigen.

wagen mit heckflossen vor dunklen mauern.

eine villa auf dem land,
noch mehr tote.

jeder ist schuldig,
la france n´est pas une ile.

du redest zuviel.

laubbläser

als ich die bar betrat, trug ich
den mantel des großen
orson welles, war aber
in guter absicht gekommen.

im eingangsbereich standen
möhren, die es sich
selbst machten,
weiter hinten
freundlichkeit
hinter rauchfahnen.

es wurde gleich gesammelt.

innen war man bereit, mal
hintergrund,
mal vorne zu sein, der
takt kam hinzu, er
öffnete schnell
dynamische strukturen zur
gegenwart mit
einigen kernen aus
drei jahrzehnten.

tut nicht so, als wäre der rest
nur noch nachspiel, sagte
der barmann.

bei kopfnicken freigetränke.

die gegenwart, leute,
die gegenwart!, tanzte eine
fluppe mit den bewegungen
der maurerkelle,
geilomat, unfair fast.

ich zog den fremden mantel an und
wollte über die kuckucksuhr
sprechen, aber es kamen
andere worte,
verständnis zwar zum
bestaunen einer alten wand,
tatsächlich war ich
im aggregatzustand, alles
toll zu finden, sofern
die obst- und gemüsejahrgänge
endlich aufhörten, ihr junges
licht von einst zu preisen.

meine mission sei,
das dingelingeling
vor mir zu sehen.

richtig, sagte da eine etwa
achtzigjährige frau und
trat ans mikrofon,
wenn ich einmal älter bin,
kaufe ich mir vielleicht einen pelzhut.

dann legte der dj
eisbär
auf, extended version.

the drömmel

wir standen zu hunderten
im krater und bauten
sonnenliegen auf, was
unterschiedlich gut gelang, aber
schließlich doch.

auf dem oberen rand des kraters
wurde ein holzhaus mit veranda
erleuchtet und eine
frau mit hochgebauten locken und
nach oben abgeknickten fußzehen.

ohne ankündigung schrie sie,
drömmel herkommen,
haare schneiden!

dann kam ein männlein,
halb so groß wie die frau,
seltsamerweise auch
mit nach oben geknickten
fußzehen aus dem haus
nach vorne auf die veranda,
auch seine arme
abgespreizt,
alles an ihm ganz offensichtlich
ohne orientierung.

die frau setzte
einen blumentopf auf
seinen kleinen, eiförmigen
schädel, wir sahen
das dünne, lange haar
nach unten hängen, die

riesenschere,
mit der sie rundum in

einer schnellen bewegung die
haare abschnitt zu
einer modischen
topffrisur.

es wurde schnell deutlich, dass
der blumentopf
nicht mehr vom
eierköpfchen des drömmels
abzuziehen ging, was
die frau zunächst
verlegen, dann zunehmend
wütend
machte, sie
zog und drehte an dem topf, was
den drömmel ebenso
verzog und verdrehte,

quietischig alle tentakel nach
außen und oben in den wind
gedreht, er,

immer noch
schweigend,
expressiv unbeholfen,
vielleicht
gedankenreich und handlungsarm,
wie einmal ein dichter formulierte.

die frau jedenfalls
hatte genug von
dem armseligen
schauspiel voller
verwindungen,
sah zu uns, dann
auf seinen
blumentopfkopf
und
schrie
mist!

weit holte sie mit der
riesenschere
aus, schlug gegen
den topf,
der blieb ganz,
aber

der drömmel, also
nicht der topf, leute,
zersprang,
als wäre er aus ton, aus
drömmelton.

die frau verschwand
vom kraterrand,
wir
blieben noch sitzen und
überlegten, ob
es das
jetzt gewesen war.

es wurde nicht mehr, nur
dunkel.

schließlich
sonnenliegenabbau in
ähnlicher, ungeordneter
choreographie und
abgabe an der kasse.

man fühlte sich etwas
veräppelt,
wie der hesse sagt.

osterbotschaft

heute morgen
beim frühstückmachen
wimpernschlaglang
das glück gesehen,
durchgenudelt aus jahrzehnten,
beschrieb die rückenlinie eine
frage in leuchtendem blau.

dazu der gelbe lappen und
alles in vorbereitung.

ein morgen mit sonne durch
himmelblau,
einer luft zum essen,
bis kurzzeitig das
innere selbst in
lagerräumen suchte.

die käseplatte dezent, auch
die gekochten eier, alles
auf holz, als gäbe es nur
natürlichkeit.

etwas raum, ein
klares fenster,
draußen ein jugendtraum.

die frage vorgelegt, wieweit
das leben lebt.

gleich nicht mehr darüber nachgedacht,
im schönen geschwungen, mit letzten
wischbewegungen.

ob sich ein drama zu wiederholen beginne,
kurz abgeheult beim teemachen.

alle freundlich empfangen.

mit dem morgen noch nicht fertig gewesen.

keine angst vor der wirklichkeit,
die osterbotschaft sei keine
intellektuelle angelegenheit.

der plateau-sohlen eines früheren
mopedfreundes gedacht.

dann die luft aufgegessen,
stück für stück,
alles, was da war.

tourismus im zeitalter des tourismus

vor frieden und schönheit sagte er,
wenn jetzt der bus mit den touristen komme,
dann wäre alles aus,
man könne viel vertragen,
wenn aber diese unterträglichkeit sich ihm
auch nur einmal darböte,
wäre alles aus und die insel tot.

frieden und schönheit hatten sich auf ein paar
caféstühlen im weißen zentrumsplatz
des dorfes verteilt,
sie fotografierten
katzen, die wie hitler aussahen, als der
schweizerdeutsche weiter deklamierte,

diese insel hier sei noch so etwas wie ein paradies,
er kenne noch weitere dreißig inseln, die er
schon seit jahrzehnten immer wieder bereise,
viele nicht mehr, wenn da erst einmal die
touristen hinkämen, sei alles zu spät.

ein schmerz durchzog seine dünnhäutigen wangen,
sein dunkler blick wurde stechend, streifte die
hitlerkatzen nur beiläufig, endete auf seinen
outdoor-sandalen bis bergtum ihm aus den venen trat.

hier sei noch alles schön,
noch,
aber wie lange, da würden sich die
dreckigen, moralisch ganz und gar verkommenen
touristenbusse nicht
entblöden in so einen wunderbaren ort wie
diesen hier
zu fahren, eine
busladung von touristen
über einen der schönsten plätze,

möglicherweise weltweit,
zu gehen, jeder
vernünftige denkende
müsse bei dieser vorstellung
erschauern,

sicher, er wisse, dass er sich bei
diesem thema
leicht errege, aber
habe er nicht recht,
wenn dieser frieden,
diese schönheit,
die man nur
alleine
erleben könne,
plötzlich zerstört werde
vom unterträglichen
befingern der auswärtigen
in ihrer
hässlichen kleidung,
in ihren
unfarben,
dem
hässlichen klicken
ihrer fotofickmaschinen.
jeder
klar denkende mensch
könne das sofort
nachvollziehen, natürlich,
er komme aus den bergen,
aus der zeit,
als in den seminaren
noch gestrickt wurde, als man
besinnlich war und meditierte.

das fernweh,
das alleintum
sei eine logische konsequenz

aus den geschichtsjahrzehnten,
hin zu den letzten
paradiesen der menschheit,
bevor diese von den
touristenbussen
einfach weggefickt würden.

er wisse genau, wo er herkomme.

frieden und schönheit hatten
alle nazikatzen
fotografiert und waren
schon lange
weitergezogen.

der zusammenhang

1.
das schutzblech
ist silbern, am rand mit
feinen, bunten linien,
hängt gebogen im wind,
klappert nicht,
von innen dreckig, es
schwebt, sein
bogen formt den mund
eines menschlichen,
breiten mauls,
es spricht in derbem ton,
hier, ich bin´s!

2.
die goldenen knöpfe
erinnern sofort
an brokat,
mozartkugeln, den
ganzen tüttelkram
um adelsfüße,
weiße pudereien, doch
halt
die kapitänin tritt
auf die brücke,
alle augen
starren auf ihre
goldenen knöpfe,
ihre
goldenen worte.

3.
die wünschelrute
viele sagen, das sei
ein blödsinn, doch h.,
früher elektroingenieur,

interessiert das nicht, den
ganzen tag
durchquert er den garten
mit seiner wünschelrute, er
sagt nichts, die
augen
weit offen, die
zunge
zwischen den lippen,
zeichen seiner
balancearbeit.

4.
helmut kohl
1000 jahre helmut kohl
schrieb man auf die wände, dann
stürzten sie ein und
helmut kohl fiel
auf seinen kopf.
jetzt fällt ihm das
sprechen schwer, doch
manchmal
sieht man ihn
züngeln wie früher.

5.
mutter macht ihrem kind den mund sauber
jeder kennt das,
mutterspucke auf
das taschentuch,
mund des kindes mit
dem mutterspucklappen
gesäubert, kind nahe
der ohnmacht, weil
es ihm scheint,
als schwebten
modrige pilze
unter der nase.

6.
latscha liefert lebensmittel
wurde ebenso behauptet wie
neckermann macht´s möglich.

7.
jetzt aber ordnung,
das macht die kommission,
die guten ins töpfchen
die schlechten ins kröpfchen.

8.
endlich

9.
die kausalketten
stehen da wie ein mann,
er sagt

10.
mein lieber herr gesangsverein

11.
dann singt
der gesangsverein,
siebenpunktsieben
minuten lang.

12.
ein solist tritt vor
1. das schutzblech
2. die goldenen knöpfe
3. die wünschelrute
4. aller guten dinge sind drei

13.
und immer so weiter.

14.
dann ein kleines wunder.

15.
es zeigt sich.

16.
ist zu klein.

17.
wird nicht gesehen.

werbung progressives deutschland

1.

die lippen der frauen aus rotem stift
gemalt, ihr mund leicht geöffnet wie
eine pralinenschachtel, aus der ein
pralinchen herauskullert
gleichmäßige, weiße zähne,
experimenteller jazz,
sepia-rausch.

2.

lovedrink germany, jetzt mit
noch mehr horizont:
monte-carlo-sportwagen,
doppelscheinwerfer, schlammpisten,
goldarmbänder.
die wasserklare flasche im
gegenlicht des swimming pools,
palmen und high heels.
auf dem drehteller die paare der
liebe, nach nur einem drink geht
die liebe volle pulle los, sogar
für die frau.
auf dem drehteller, beklebt
mit baumarktfolie, ist
alles möglich.

3.

null-dragees lassen alles
schlank werden, nur
die liebe bleibt groß.
strubbelköpfe, schlechte haut,
nackt vor der kamera.
an der kiesgrube, als
ob der sommer nie zu ende ginge,
autos und musik im
beach-design.

4.
schön und jung in den tod
gehen, prämortales
styling mit blumen im haar,
lang geschminkte wimpern.
floraler exzess,
experimentelle musik.
alles ist möglich, weil
drehteller,
beklebt mit baumarktfolie.

5.
sagt jeden tag danke für
frieden und wohlstand.
seid nicht so spießig, tanzt
im ballett mit
ganzkörperanzug.

mercedes 180d

ich bin aufgewachsen in einem mercedes 180d, die menschen heu-
te wachsen alle in einem auto auf, sagte mein vater, während ich
hinten zwischen fahrer und beifahrersitz stand und wartete, bis der
salzstreuer rot glühte, rumpelnd und langsam die fahrt begann.

ponton karosserie, selbsttragend, leute, unser auto war unter der
fensterlinie dunkelgrau, das dach war eierschalen,eine schicke
zweifarblackierung, mein vater hatte den wagen von unserem on-
kel aus der rhön, holzhändler, gekauft, und wir wuchsen alle darin
auf, mit karierter decke, kissen und immer

schauten, wie er glänzt, der liebe mercedes, mit dem mein vater
bäume aus der erde zog und das auto fotografierte in schwarz-
weiß, und meine mutter mit ihrer schönen handschrift in das al-
bum schrieb, wer glänzt am schönsten, und er glänzte auf den
grauen platten der langen einfahrt zu unserm haus, platten, die
mein vater in einem asymmetrischen muster verlegt hatte, weil das
interessanter war,

da sieht man sich nicht so schnell satt daran, sagte er, als wir zu
den verwandten in die rhön fuhren, die landstraße nach bad orb
und dann die wegscheide hinauf, es war ein sonniger tag, aber
mein vater war angespannt, von seiner arbeit, dem hausbau, dem
krieg und dem ganzen dreck der frühen jahre, ich stand wieder
hinten, zwischen den sitzen und starrte auf die tachonadel, weil
ich autofan war und alles

liebte, das sich irgendwie schnell bewegte, heute fahren wir sport-
lich, sagte mein vater und sah dabei in den rückspiegel kurz zu
mir, sich meines einverständnises gewiss und ich sah, wie die ta-
chonadel auf einhundertfünf kilometer   hochzitterte und sich
meine mutter an dem hellen griff an der armatur festhielt, und
langsam begann der anstieg zur wegscheide, mit wald, sonne und
blauem himmel.

und plötzlich war da ein hellblauer, offener straßenkreuzer vor uns, ein riesiges, amerikanisches fahrzeug mit hellen sitzen, hellem verdeck, das in falten uns ansah, der fahrer war ein junger mann mit dunklen haaren, lässig lag sein rechter arm auf der lehne des beifahrersitzes, und er sah uns im rückspiegel langsam näher kommen,

mein vater näherte sich im sportmodus, erreichte aber nicht das hellblaue gefährt von einem anderen stern, denn je näher wir kamen, gab der junge mann immer mehr gas und fuhr uns lässig davon, zuerst realisierte das mein vater nicht und versuchte mehrmals zu überholen, hatte aber keine chance, weil wenig ps, weil lahmer kübel, weil unelegant, weil krieg verloren, weil wut in ihm aufstieg und sein kopf sich rot färbte, dreckiger, verfluchter ami, schrie er schließlich und gab nach etwa drei versuchen auf und parkte rechts, bis der ami weggezogen war,

der kaugummi kauende junge amiarsch, was fuhr er denn da in dem riesigen dreckskübel vor uns her, und mein vater tupfte sich die stirn, und ich und meine mutter versuchten, ihn zu beruhigen, aber es dauerte eine weile.

sprich nicht schlecht von mir, du weißt, dass ich das gemüt einer jungfrau habe, ruft er mir aus der ferne zu, während er poltert und gegen ein paar sachen tritt.

gesprächsnotiz

1.
der alte lichtmann hätte am ende seines berufs
gesagt, in das theater müsse er nicht mehr gehen,
er kenne das alles, vom licht her, er wisse genau,
wie sich das anfühle, alle gefühle, verbunden
mit dem theater, kenne er, daher für die zukunft:
uninteressant.

2.
aber die ganzen, unendlich komplexen inhalte?

3.
kenne er alles vom licht her, jede einzelne
gefühlslage, jetzt: uninteressant.

4.
leidenschaft sei doch wichtig, die solle man doch
nicht aufgeben, baudelaire habe gesagt, macht
euch trunken in diesem einen leben, macht euch trunken,
egal mit was.

5.
blödsinn, das alter wolle ruhe, vom licht her sei
alles bekannt, alles erlebt und, der ausdruck sei
erlaubt: abgehakt.

6.
außerdem: scheidentrockenheit, pimmelkrampf.

7.
vielleicht noch gutes tun, den jungen menschen
einen weg zeigen.

8.
darauf würden die jungen menschen kacken.

58

9.
das rote hemd, was sei das rote hemd und eine
hose in anthrazit.

10.
zeichen des kabaretts, rumrösten und irgendeine
wahrheit kundtun, die jeder schon lange vom
eigenen leben her kenne.

11.
aber die liebe, die archaische kraft der liebe,
die alles niederreiße.

12.
das sei schon so eine sache.

13.
aber großes täuschungspotential.

14.
der zustand des verliebtseins sei einer
psychose ähnlich, habe die ärztin gesagt,
völlige fixierung, das hämmern nur eines
gedankens, der nicht einmal ein gedanke sei.

15.
wenn aber doch eine wahrheit in der fixierung
sich kund-tue?

16.
niemand könne das wissen.

17.
aber der mensch in der verantwortung könne
doch nicht einfach.

18.
der mensch könne alles.

19.
das leben bedürfe keiner legitimation.

20.
aber das leben, vom sterbebett aus betrachtet.

21.
eine einfältige konstruktion, das leben sei ganz anders.

22.
genauso unser irrglaube, dass unser umfeld nicht schon
lange alles über uns wisse.

23.
george harrison habe versucht, das leben, nach all seinem
unerträglichen erfolg, zu etwas friedlichem wegzumeditieren.

24.
dann sei er trotzdem früh gestorben.

25.
aber die liebe, die kunst, die leidenschaft.

26.
überschätzt, möglicherweise.

27.
eine billige position, alles immer nur kritisch zu sehen,
ohne sich dabei selbst mit hineinzunehmen.

28.
ja, das stimme wohl.

hotzenplotz

als meine tochter noch kleiner war,
fuhr ich mit ihr für ein paar tage
in die fränkische schweiz, unsere ferienwohnung
lag auf einem hügel in einem wald, alles
war hügelig, der himmel blau und es war sommer.

Ich trug sie auf den schultern, wenn uns danach war,
ich sang ihr lieder zu texten, die mir einfielen, wir
gingen in ein schwimmbad, ich saß auf der rutsche, doch
ich rutschte nicht, weil ich ein großer, schwerer mann bin.

sie musste lachen, gab mir einen stoß,
später lagen wir auf der wiese und ich las ihr
aus dem buch vor, ein buch aus meiner kindheit,
elegant und demodé mit tuschezeichungen
der frühen zeit, sie lauschte,
solange die worte sie erreichten.

ich sah ihre augen voll wiese, blau und grün, ich
roch ihre haut von butter und gänseblümchen, von
den bildern, die sie am morgen gemalt hatte,
von der wortlosen welt
aus sonne, himmel, haus und blumen.

In dem moment, da ich sie hielt,
vergaß ich es für ein paar weilen,
ließ mich leiten vom warmen licht,
den stimmen, glitzern des blaus und
sehnsucht nach capri-eis,

für einen moment stand ich im neubauviertel
meiner kindheit, war stolz auf meine neuen,
glänzenden schuhe, die fahne an meinem fahrrad,
die schultern nach hinten, den bauch nach vorne
gedrückt, geblendet von der sonne,
unwillig, mich fotografieren zu lassen.

meine tochter wollte weiter und ins wasser,
ich folgte ihr, hotzenplotz hatte der großmutter die
kaffeemühle gestohlen, nicht schlimm,
die tuschezeichnung des einbands krakelte mich an
mit einem letzten kleinen stich als erinnerung,

wir sahen das sprungbecken und durch ein fenster,
wie die eingesprungenen wieder auftauchten,
so standen wir rum und
ließen alles sein, wie es war.

in einer stadt in der nähe lief
der neue film hotzenplotz,
kein anderer besucher war da,
der vorführer hätte den film
auch nur uns gezeigt,
doch meine tochter,
wieder auf meiner schulter,
wollte nicht,
die bilder im schaukasten
machten ihr angst,
nicht so der text und die krakel von früher.

unsere kindheiten nickten sich stumm zu,
dann gingen wir weiter.

im flusenhotel

unser kongress war sehr interessant
und in geheimer mission,
einer von uns
trank viel diese letzten tage im jahr,
da er auch noch pfeife rauchte
und kritisch tat,
nannten wir ihn ernst loch.

wir waren unterwegs mit spielkarten,
in den bayerischen lokalen
wo auf jeden fall
schafsnase, wichteln, schafskopf,
such den dritten socken,
von den einheimischen erwartet wurde,
spielten wir mau-mau.

so gingen wir durch das gestrüpp
des bayerischen waldes
die zonengrenze lang,
wir dachten, das wäre romantisch,
aber es war zersiedelt und feucht,
schweinebraten und dicke freaks,
die ein butziges waldlokal schon lange betrieben,
eine enklave, dachten sie vielleicht,
setzten sich auf ihre motorräder,
fühlten sich frei und anders,
hier, am rand von neubau und struwwelwald
und immer matsch an den sohlen.

es ging uns gut, das ewige mau-mau
hatte uns müde gemacht,
teile von uns waren in das loch von ernst gefallen.

wir kehrten dann um
und ein in ein hotel,
das voll von blumenbildern war,

selbst gemalt von der chefin,
einer frau in hefe,
wie eine albino-kröte stand sie hinter der theke,
in weitem gewand und mit dünnen, weißen haaren,
ihre schwabbelärmchen zeigten auf all die blumen und bilder,
ja, für unseren kongress hatte sie noch zimmer frei.

im lokal aßen wir gulasch aus der dose,
wir sahen den fettstaub auf den lampentöpfen aus gebrushtem ton,
mit grauen und orangen sprengseln,
schokofarbenen kabeln und plastiktöpfen.

in den zimmern umfasste uns trevira
und ein hauch von chiffonfettdreck.
aber die blumenbilder,
seht doch nur die blumenbilder,
die ich gemalt habe, wie schön sie sind,
welche kraft und freude sie ausstrahlen.

vielleicht war ihr verstorbener mann
handelsvertreter für klosterfrau melissengeist,
viele flaschen in der garage, stapelware,
wenn er weg war, fing sie an, die garage leer zu trinken.

wenn man sie im frühjahr anrief,
weil man nichte war und ihr das neue baby zeigen wollte,
sagte sie mit schwerer zunge,
dieses jahr sei schlecht,
vielleicht im nächsten jahr
und legte den hörer auf.

war die chefin so, das wussten wir nicht.

im oberen staubflur war eine sitzecke aus den 60er-jahren,
bevor wir runtergingen, das dosengulasch zu essen,
sahen wir die gästebücher der letzten jahrzehnte
unbestimmt rumliegen.

Um 1970 ein eintrag von egon bahr und herbert wehner,
die hier, im ersten hotel am platz, logierten,
gedanken an ostverträge, öffentlichkeit, verantwortung,
zukunft und heimliche liebschaften.
in scharfer schrift bedankten sie sich
für die freundliche aufnahme und bewirtung.

wir blätterten die jahre durch
und fanden gegen ende
eine unbeholfene kugelstiftzeichnung,
ein platt getretener, struppiger geier,
aus seinem langen schnabel
eine krakelige sprechblase,
in der stand:
ich fick euch alle.

die chefin aber zeigte auf ihre blumenbilder
und lächelte still wie buddha.

aus deutschen landen

seht doch nur, auf dem weiten feld die bäuerin,
was macht sie da im sonnenlicht, etwas
mit einer harke oder hacke, wie
weit weg sie ist, oder klein,

so seht doch nur das straßendorf mit spritzputz,
geraniengrau und vorn ein
edeka mit fahrradständer, abfalleimer und hinweis
auf grillkohle für die neue saison,

auf der spritzputzfassade ein
wahlplakat und werbung für
becht´s öl spezial „s", ein
auto fährt zum gruß vorbei,

abends noch die reste vom mittagstisch,
mutter schöpft den alten alutopf leer,
vater grummelt und sitzt gebeugt über dem
teller, neben ihm die zeitung und ein glas most,

draußen vor einer garage ein alter opel astra in
matt schwarz mit pink leuchtenden rückspiegeln,
ein moped kommt näher, unbewegt, wie auf einem
kackstuhl der jugendliche fahrer mit integral-helm,

seht doch nur, wie der mann aus dem edeka-laden
ganz vertieft in seine zeitung zum parkplatz geht,
der moped-fahrer fährt an ihm vorbei und
stellt sein moped ab,

jetzt geht er mit leeren flaschen in den edeka-laden,
kommt mit butter und brötchen wieder heraus,
er geht zu seinem moped, setzt den integral-helm
auf, tritt den kickstarter und dreht am gas,

wie ihr wisst, sitzen der vater und die mutter hinter der
fassade, jetzt steht der vater auf, die mutter
schaut ihm hinterher, der vater muss wasser lassen, das
klo ist separat in der küche verbaut, er pinkelt und spült,

seht doch nur, im edeka-laden wird abgerechnet und
jede position geprüft, am ende stimmt die rechnung nicht,
das ist jetzt aber gar nicht gut, sagt der aufseher der
kassenfrau, da müssen sie noch einmal alles rechnen,

so seht doch nur die bäuerin vom anfang auf uns zukommen,
in den händen harke oder hacke formt sie einen schiefen mund,

„seht doch nur, auf dem weiten feld die bäuerin,
was macht sie da im sonnenlicht, etwas
mit einer harke oder hacke, wie
weit weg sie ist, oder klein",

sie spuckt uns vor die füße und
dreht sich resolut zum horizont, in dem
sie schritt für schritt verschwinden will, natürlich,
das erinnert euch an damals, in amerika,

als ihr den wagen anhalten wolltet und einfach
weitergehen über die felder zum horizont,
wo die sonne stand, weil eure zukunft
euch plötzlich als nachspiel erschien,

„lächerlich", ruft die bäuerin,
schlägt mit ihren armen nach hinten,
stapft tapfer weiter und
wird mit jedem schritt kleiner,

„stimmt nicht", ruft sie aus der ferne.

fleischwurst in griesheim

in griesheim, wo alle läden
verschwunden waren, zugeklebt
mit kleberesten, die fenster blind,
verblasstes orange ehemals
fotoladen, die frau des fotografen
rauchte attika oder kim,
hatte die blonden haare toupiert und
ließ die fotos in 9x13 woanders entwickeln,
es war noch geld da für einen
sportlichen wagen, ihre goldkette und
treffen abends mit freunden an der kellerbar
im hobbyraum,
Irgenwann laden zu, frau weg,
was weiß denn ich wohin,
praktisch alle läden weg,
nein, arzt noch da,
früher mit strammem norddeutschem schnitt,
er wusste immer die belegung seiner praxis
in prozentpunkten, alles zackig vorgetragen.
jetzt war auch seine praxis leer,
wie es ihm gehe,
man lebt, man ist gesund.
nix mehr sportwagen,
privatklinik und fickificki,
dachte ich, blödsinn, sagt meine bekannte,
wirtschaftlicher abstieg
macht doch nicht die arztpraxen leer.

alles war zugeklebt und pappig,
blasses aluminium, klebereste,
zugemauerte türen, ich weiss,
ich sagte es bereits.

der metzger war noch da,
auch dort niemand im laden,
nur die verkäuferin und etwas wurst.

ich aß warme fleischwurst im auto,
die fleischwurst meiner vorfahren,
sie war so gut, dass sich sofort die
sonne in das abendrot senkte,
die chemiefacharbeiter ihre großen,
aufgeätzten nasenlöcher vor meine scheibe
hielten und sagten, wenn dir
die wurst so gut schmeckt, werden
unsere nasenlöcher bestimmt jeden tag
ein stück kleiner.

Ich dankte freundlich, putzte mir den mund
und fuhr zurück in meine wirklichkeit.

in dublin

die durchtanzten nächte, du,
immer mit den händen über der gürtellinie,
in deinem gold lagen wir am morgen, als
über den dächern des cabra die sonne
langsam aufging,
wir sind bewohner des cabra,
nicht des marino,
dieser reißbrett-blödigkeit,
am abend wieder zu
underworld und weiter
in den schächten der stadt,
am morgen sagte ich southside,
du st. stephens green,
gut, über die north circular road,
dann wieder underworld,
heute machen wir was neues,
ein neuer tag, gut, einverstanden,
die durchtanzten nächte, du,
immer mit den händen über der gürtellinie,
in deinem gold lagen wir am morgen, als
über den dächern des cabra die sonne
langsam aufging,
wir sind bewohner des cabra,
nicht des marino,
dieser reißbrett-blödigkeit,
am abend wieder zu
underworld und weiter
in den schächten der stadt,
am morgen sagte ich southside,
du st. stephens green,
gut, über die north circular road,
dann wieder underworld,
heute machen wir was neues,
ein neuer tag, gut, einverstanden,
die durchtanzten nächte, du,
immer mit den händen über der gürtellinie,

in deinem gold lagen wir am morgen, als
über den dächern des cabra die sonne
langsam aufging,
wir sind bewohner des cabra,
nicht des marino,
dieser reißbrett-blödigkeit,
am abend wieder zu
underworld und weiter
in den schächten der stadt,
am morgen sagte ich southside,
du st. stephens green,
gut, über die north circular road,
dann wieder underworld.

hochwasser

wenn das hochwasser kommt,
schrumpfen zunächst die hosen,
dann das lungengeäst.

natürlich, die guten pläne
hängen an der wand, oberhalb
der markierung vom letzten mal.

langsam steigt es weiter, bis sich
der blick auf das büchsenlicht
von galeria kaufhof verengt.

schließlich, wenn es unter dem
glasdach steht, ist der
mond sehr schön zu sehen.

und am nächsten tag
die sonne.

schwerer brummer glück

1.
heute kommt es als hornisse oder aufgeblähter borkenkäfer daher.

2.
da möchte man sich abwenden, wegen stichgefahr und fluglärm.

2.1.
deutschland ist ängstlich und schnell negativ im denken.

2.2.
blödsinn! rufen ein paar strandleute und saufen aus dem gleichen
pokal.

2.3.
hier ist der platz für zwischentöne.

1.1.
brummer g. beginnt im flug zu eiern, ein närrisches lachen hinter
seinen facetten-augen.

3.
das erste glück ist doch, ihr wisst schon.

3.1
hört auf zu prüfen, ob standard oder export version.

3.2.
das unwürdig.

3.3.
danke sagen, wem, was.

3.4.
da gibt es genug.

4.
einige elemente.
die richtige temperatur, der richtige sound,
die richtigen moves.

5.
ein gespräch über bäume ist gestattet, trotz
des unrechts, das damit nicht benannt wird.

6.
ein bekannter zitierte den satz, man
tut was man kann.

6.1.
ist gut, was gut tut?

6.2.
das kann man so nicht sagen.

7.
weitere elemente:

7.1.
in den unbekannten raum fahren, in ein vakuum
vorstoßen und neuen raum schaffen.

7.2.
endlos wiederholen, endlos beglaubigen, wie
der priester die schale zum altar trägt.

8.
versteckt euch nicht im zimmer, mit
sehnen und tränen.

8.1
seid klug und geht hinaus.

8.2.
seid klug und beibt zuhaus.

8.3.
in beiden fällen seit ihr bald alt wie der wald.

8.4.
wer spricht heute noch vom waldsterben.

8.5.
oder etwas gut durchdachtem.

8.6.
panikmache, german angst.

8.7.
use it or loose it.

8.8.
vielleicht ist alles ganz anders.

8.9.
das mitunter hoffen.

9.
drescht nur ein auf die kühe, die ihr in der nacht alle
schwarz gemacht habt.

9.1.
oder versenkt alles mit der kasperlpatsche eurer kritik.

10.
der schwere brummer g. ist gelandet.
ihr macht mich fertig mit eurem gerede, sagt
er hinter hochgeklappten facetten augen.

10.1.
jetzt geht er ein bier trinken, alleine.

11.
das habt ihr nun davon.

anmerkung zum sonnenstand

abends ging ich ins
stahlorange, bedröhnt
von den anführungszeichen
der hochhäuser,
happy hour vor
einbruch der dunkelheit.

letzte café-gespräche,
schon mit benzin gemischt.
in erwartung des
großen abends,
vorstoß in ein vakuum,
um neuen raum
zu schaffen.

hand in hand kam mir
ein paar entgegen, sie
fragten, where are you
from, dann luden sie
mich ein, wann wo was,
das konnten sie nicht
sagen.

der abend war offen,
vom zweiunddreißigsten
stock aus sah ich einen
klumpen am horizont,
als es dunkel war,
gab er ein licht.

aus zimmer 32

1.
nachdem wir alles weggeraucht und getrunken hatten, schlug g.
vor, einmal das zimmer zu verlassen und unter leute zu gehen,
schon als wir die ersten stufen hinabgingen, wussten wir, es wür-
de schwer werden, je unten anzukommen, ich sah g. wie gebannt
zwischen die schulterblätter, fixierte sie, bis sie sich umdrehte und
wie ich, mit geröteten augen in schallendes gelächter ausbrach,
weil wir wussten, dass wir die kontrolle am hotelausgang kaum
bestehen würden.

2.
es gab aber keine kontrolle, kein dreckiges taschen- und gesin-
nungsschnüffeln, und wir grüßten den portier freundlich und
standen endlich auf der straße.

3.
sofort sagte g., das sei nach den tagen in der 32 nun wirklich genug
sauerstoff, ließ ihren blick leuchten und schlug vor, in die direkt
vor uns liegende pilskneipe zu gehen, ein lokal, das g. zuletzt vor
über zwanzig jahren besucht hatte.

4.
innen war alles in rauch getaucht, altdeutsches brauereiwesen, ein
paar spielautomaten, dunkelbraune rustikalecken, von denen wir
eine wählten.

5.
der wirt kam ohne hüftschaden und rumgemache an unseren tisch,
nahm unsere bestellung von apfelwein und schnäpsen entgegen,
dann rauchten wir.

6.
über dem tresen hing faschingsdekoration, viele meter metallpa-
pier, in streifen geschnitten, bewegten sich nun in einem stillen
kommentar zu den rauchwolken.

7.
wir sahen die normalen, mehr als mittelalten leute, alltagsmenschen wir wir, die redeten und karten spielten.

8.
der wirt kam oft an unseren tisch und brachte die herrengedecke, die g. ein um das andere mal bestellte, weil sie dafür in stimmung war.

9.
wir sprachen über die liebe.

10.
soweit ich mich erinnern kann, sprachen wir auch über g.s wohnung, die sie nicht mochte und nur zum schlafen nutzte. Und dass sie einen job brauche, sie könne nicht immer nur rauchen und fernsehen, norwegen, sie würde auch nach norwegen gehen.

11.
dann bewunderten wir die paar leute im lokal, ein solches lokal gebe es kaum noch, wo sollten die menschen in dem alter und mit der fresse hingehen, wenn es überall nur noch hippe selektionsorte gäbe.

12.
g. schenkte mir einen katzeneierbecher.

13.
warum wir die tage in der 32 nicht einmal liebe gemacht hätten.

14.
es war nach mitternacht, und durch die rauchschwaden der männer trat eine blonde frau mit verwittertem gesicht, wie g. sogleich bemerkte, klassisch, sagte g.

15.
die frau setzte sich an die bar und schaute in den spiegel.

16.
ich stellte fest, dass g. eine festung war und noch immer darauf
hoffte, dass eines tages jemand käme, ihren code zu finden.

17.
dann war es drei uhr, wir standen auf einer kreuzung, die in ein
licht getaucht war, als wäre es billiges zitroneneis.

18.
wir verabschiedeten uns herzlich, dann ging jeder in seine rich-
tung.

19.
zuhause machte ich mir ein paar notizen, die ich aber schnell wie-
der verwarf.

als ich ein kind war

als ich ein kind war,
gab es riesige ortsrandlagen, alle wege
waren überstrahlt von staubigem licht,
tirilierend in gärten und zement.

die starfighter-piloten sahen
johannisbeerpflücken, ich meine
roten finger, die nach weihwasser schmeckten,
beim betrachten jeder einzelnen frucht.

das schnalzen der hosenträger, der
leiterwagen.

als ich ein kind war,
roch es nach sonntagsbraten und
die großen jugendlichen trafen sich
an der straßenkehre unten, sie
hießen hermännchen und hatten
unfälle mit ihren mopeds und einen
kamm in der gesäßtasche.

im hinteren eck, im lebensmittelladen
einer verwandten, war bestimmt
der boden feucht,
die silberfische liebten das.

ich mochte marmorkuchen mit viel butter und
schokolade, und ich mochte erdbeeren, die
in milch zermatscht in meinem suppenteller
schwammen.

als ich ein kind war,
gab es große stadtwälder und baugebiete,
felder, feldrandlagen, raketenabschussrampen,
von denen aus ich mit meinem vater
nachts ins all flog.

am tag waren die wege wieder blass
und es war hell, hier
trafen wir uns in
staubigen schuhen.

dann war ich dreizehn und dachte,
jetzt bin ich dreizehn.

das knistern unter den
motorhauben der heckflossenwagen.

jasmin

im hafenbecken der insel ist alles
heiß aus stein, natur und
menschen, ist alles
beige mit kreppsohlen,
abenteuerlich ist alles,
schön im blick richtung tunesien, wo
männer jasmin
hinter den ohren tragen.

jasmin, steht auf dem baldachin der
uferbar, steht über den
abenteuern und beigefarbener haut, mit
grau-elementen durchsetzt, mit
fuß aus freiheit, den fuß zu wippen,
camel boots, pils vom fass und
sanfter creme für die zukunft.

es lässt sich schwer wegkippen, wenn
ohren und nase größer werden und
alles nach unten lappt, aufgefangen
im windblouson und breitem schuh.

schon früher gerne fern gesehen,
schon früher bereit gewesen,
alles wegzutun.

das du entdeckt und weite reisen.

ein ferner klang, ein ferner duft: jasmin.

ein mann aus tunesien klatscht
bunte gummiköpfe auf einen stuhl, sie
fließen auseinander wie pfannkuchenteig,
ziehen sich dann wieder zusammen zum
alten schrumpfkopf,

prägnant in rot, blau, grün.
wie wir, flüstern die
breitköpfig reisenden und
fassen versonnen ihr kinn.

im park

in der nacht wurde der park
immer größer, er war fein
durchzogen von vanille und
warm, dass man sich jederzeit
überall hinlegen konnte.

rechts trafen sich jugendliche an einem
feuer, sie sprachen schnell, lachten und
streichelten ihre kleinen computer,

auch die gesichter des
entgegen kommenden paares
bläulich beschienen vom
licht ihrer smartphones, still
setzten sie ihren weg fort.

dann kam völlige dunkelheit,
ein song von marc almond
wurde hörbar, ein
liebeslied, das im park
einen schlafplatz suchte.

einige frauen flüsterten, dass
alles richtig sei.

die paar sterne im schwarzen himmel
rauschten leise, ob sie
eine stufe komplexer schalten sollten.

die jugendlichen
lachten kurz auf, als
wollten sie sagen,
cool,
dass der staub
leuchtet.

raum rüsselsheim

ernsthafte autotests,
hinterhofgarage, pinkeltopf,
blut auf einer radkappe,
weltflughafen.

halt die fresse mit dem
scheissflughafen,
sonst stech ich dir mit dem
schraubenzieher in die radkappen.

benzin im blut, niedergeschlagen,
felder und strommasten,
ein jemand von chemie,
autotest und: weltflughafen.

den pinkeltopf im hof ausgeschüttet,
blut auf der radkappe,
eine tote katze,
weinlese bald.

halt zu all dem die fresse.

terrasse, 11. stock

optimistischer betonbau,
hingegossen 1963, ärzte
mit namen wie ungeheuer
alles operiert, manche
aufgestiegen zum
heiligen geist.

waschbeton und plattomaten,
nach den zimmerbesuchen,
11. stock, links, im westen
terrasse mit sonne für nichtraucher,
leer, im café
siedewurst und kuchen, kaltgetränke,
rechts, im osten,
raucherterrasse, schattenwurf.

hinten ein schuppenmann
im blauen bademantel,
großkanüle in den hals gerammt,
röchelatem zum besuch seiner frau,
weißhäutige, geschuppte haut,
aufgeschwollene füßen in den
adiletten mit drei streifen.

rechts wird geraucht und gelacht zu
den altersflecken,
bitzweiße haut mit fahrspurrillen,
weißes resthaar, bademantel,
großraumhosen, adiletten auf beton,
modelldeutschland im wartestand.

morgens nach osten, mittags nach westen,
abends nach osten, nachts freie wahl.

geländer, 11. stock, plattomat,
kieselkachel, rindswurstwasser,
flaschenbier, heiligkeit.

ein paar stockwerke tiefer
schlüpfen babys ins apricot,
obendrüber organ rausgeschnitten,
weggeworfen, neu gemacht oder
so gelassen.

gut drauf unter den fahrspurrillen,
zigarettchen geraucht, mit
letzter kraft,
wackelgang.

blick über die nordweststadt,
alles gestaltet, ehemals
mit guter absicht.

auch die politik, mit
klarem interesse.

elektronische einheiten
scannen nüchtern das organ,
entworfen auf frühem
papyrus.

jetzt ist noch zeit den
blick zu heben.

neujahrswünsche

so gut, wie es mir gerade geht,
soll es allen gehen, falls sie das
wünschen, sie können auch gerne
sagen, kein bock auf fremden
kosmos, schwapp lieber im eigenen.

wenn ich wieder rausgehe,
soll der baumarkt verschwunden sein,
ich möchte bitte keine rote kluft sehen,
keine sicherheitsschuhe und nicht mit
der frage,
was können wir für sie toom,
behelligt werden.

ich wünsche mir ein paar tage ohne hintersinn,
dass gilt, was man sagt,
worte nicht interpretiert werden müssen.

die gemeinheiten sollen verschwinden,
ich möchte nicht mehr sagen müssen,
egal wo man hinschaut,
man muss nur ein klein wenig kratzen,
schon tut sich ein abgrund auf.

das neue soll sich nicht entblößen als das
geflickte kostum vom letzten maskenball,
die reaktionen anders sein als
kennichkennich, habichhabich,
klarklarklar.

wie kam nur das verfickte böse in die welt,
es soll dieses jahr fickverbot bekommen
und sich nicht weiter vermehren dürfen.

onkel otto soll von sich sagen,
er sei nur ein anderes wort für liebe,
erklären soll er bei seinen ausführungen,
was es mit den grausamkeiten
und den endlos expandierenden
paralleluniversen auf sich hat.

er soll sinnfällig machen,
warum alles, was wir tun,
immer nur in engen grenzen geschieht,
warum wir jederzeit tot umfallen können
und wohin die paralleluniversen expandieren.

ich fasse zusammen:
baumarkt weg, mc.-donalds weg,
metro weg, autowaschanlage weg.
stattdessen
fünf quadratkilometer neubaugebiet,
bis der nächste bus kommt.

Inhalt

Martin Westenberger studierte Germanistik, Kunsterziehung und Soziologie. Während seines Studiums arbeitete er u.a. als Roadie, Filmvorführer und Taxifahrer. Seit vielen Jahren ist er als Disponent in der Filmbranche beschäftigt. Lebt in Frankfurt am Main.

Webseite: www.martinwestenberger.com

Kontakt: MartinWestenberger@gmx.de

Seltenes spüren

Gedichte

**Ulrich Grasnick, Elisabeth Hackel, Günter Kunert,
Marko Ferst, Dorothee Arndt, Charlotte Grasnick u.v.a.**

268 Seiten, Edition Zeitsprung, 2014

Erleben Sie den Inkafrühling in Peru. Versunkenen ägyptischen Schätzen wird nachgespürt. Monets Garten lädt ein und dem Duft einer französischen Bäckerei folgt ein Gedicht. Der Berliner Dom spiegelt sich nicht mehr im Palast. Zahlreiche surreale Gedichte enthält der Band, vereinzelt auch gereimte. Ein Besuch bei Heine steht an, versteckt liegt sein Denkmal. Den Szenarien der Krieger geht ein Lyriker auf den Grund, von weidwundem Land berichtet ein Gedicht für die Erde. Letzte Bienenwagen kommen in den Blick, Ausflüge führen ins Känguruland. Die Sonnenpost läßt uns Entfernungen vergessen. Der vorliegende Band ist eine Gedichtsammlung des Köpenicker Lyrikseminars und der Lesebühne der Kulturen Adlershof. Gäste wurden eingeladen. Grafiken von Dorothee Arndt illustrieren den Band. Das Lyrikseminar existiert seit 1975 und publizierte bereits mehrere Anthologien.

Leseproben: www.umweltdebatte.de
Bestellung: marko@ferst.de (dt. Porto frei)

Im falschen Abteil

Gedichte

Alfred J. Signer, Helmut Glatz, Volker Teodorczyk u.v.a.

380 Seiten, 2017

Andengipfeln, dem Puma und der Ruta 40 folgen einige Zeilen. Dem Flug des Silberreihers spürt eine Dichterin nach. Brandroter Mohn auf Wiesen fällt auf. Landschaften im Norden erzählen von Treibholz und Pfählen. Väterchen Frost kommt in der russischen Stadt Ufa zum Auftritt. Philosophische Spiegelungen des Nordlichts werden in einem Gedicht ausgebreitet, die Dimensionen von Raum und Zeit. Was bleibt übrig von einem Leben, davon wird in gereimter Form gesprochen. Gedichte über die Flüchtlinge im Land sind etliche zu finden: Was könnte Barmherzigkeit heißen? In diesem Gedichtband gibt es überdies zahlreiche humorvolle Gedichte. Da wird der sicheren Rente mit Spott nachgetrauert oder der Hosenkauf der Frauen betrachtet - mit Erfahrung gewürzt. Von dem Erlebnis im falschen Abteil zu sitzen, weiß ein Bahnreisender zu berichten. Der Band enthält überdies einige Liebesgedichte. Auch Katzen schleichen zuweilen um die Wörter.

Leseproben, Inhaltsverzeichnis: www.literaturpodium.de
Bestellung: wettbewerb@literaturpodium.de

Jahre im September

Gedichte und Erzählungen

Marko Ferst

Edition Zeitsprung

Jahre im September

Gedichte und Erzählungen

Marko Ferst

212 Seiten, Edition Zeitsprung, 2017

Über Ostseeinseln wie Öland und Usedom streifen die Gedichte. Sie führen in die schwedische Schärenstadt sowie nach Buchara, Samarkand oder in den Ural. Magische Ausflüge in die Natur und Tierwelt tauchen auf. Gedichte zu Musik, Literatur und Malerei reichern diesen Lyrikband an. Unter die Lupe genommen wird der Drang der Regierenden, uns mehr und mehr auszuspionieren. Kritik zieht das gescheiterte Afghanistan-Abenteuer auf sich, das syrische Totenfeld wird umrissen. In Bangladesch zeichnen sich weitere Landnahmen des Meeres ab, Wasserstände, die mit unserem verschwenderischen Lebensstil im Norden verbunden sind. Sondiert wird, warum unsere Zivilisation ökologisch zu scheitern droht, sich längst im Spätstadium befindet. In der Arktis zeigt sich, wie weit das Vorspiel zum Klimaumsturz schon gediehen ist. Spitzbergen archiviert unsere letzten genetischen Hoffnungen. Den Spuren und Abgründen einer mysteriösen Krankheit wird nachgegangen. Der Band enthält zwei Erzählungen - eine arktische Begegnung zwischen weißen Raubtieren und einen Blick in das sowjetische Speziallager Sachsenhausen.

Leseproben: www.umweltdebatte.de Bestellung: marko@ferst.de

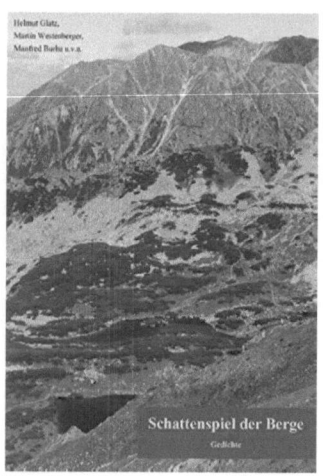

Schattenspiel der Berge

Gedichte

Helmut Glatz, Martin Westenberger, Manfred Burba u.v.a.

344 Seiten, 2017

Der Band streift durch Wörterwälder, der Brocken wird bestiegen, eine Schwarzwaldwanderung kommt in den Blick. Kirschblüten leuchten im Sonnenlicht. Was erzählt uns der Gesang der Wale – eine überraschende Antwort gibt es darauf. Eine Flaschenpost ist auf dem Weg. Vom Kinderkreuzzug wird berichtet, niemand kehrt zurück. Die Gewaltorgie, die der türkische Präsident in seinem Land veranstaltet, gerät in scharfe Kritik. Die planerischen Meisterleistungen für den Berliner Flughafen werden mit stillem Spott bedacht. Warum wohnt man im Hamburg, was macht die Stadt liebenswert? Die eigentümliche Form der Schollen führt zu Gedankenspielen. Kennen Sie schon den Yamdrock-See in Tibet? Das Mozartmeer rauscht im Ton zivilisatorischer Abgründe. Berichte von der Walpurgisnacht sind zu erwarten. Und immer wieder ziehen Gedichte durch Berglandschaften. Das ist ein Schwerpunkt dieses Bandes.

Leseproben, Inhaltsverzeichnis: www.literaturpodium.de

Aktuelle Bücher

Manfred Burba
Die Windrichtung ändern. Gedichte (188 Seiten)
Kurt Bott, Barbara Gregor, Peter Frank u.v.a.
Nordlandwinter. Gedichte (296 Seiten)
Elisabeth Gehring, Bruno Rauch, Carsten Rathgeber u.v.a.
Auf der Halbinsel. Rote Erzählungen und Gedichte (420 Seiten)
Peter Frank, Hanna Fleiss, Manfred Burba, Peter Lechler u.v.a.
Abendsegel. Gedichte (304 Seiten)
Peter Frank, Hans Sonntag, Manfred Burba, Heiko M. Kosow u.v.a.
Frühjahr im Schnee. Gedichte (308 Seiten)
Manfred Burba, Michael Starcke, Norbert Rheindorf u.v.a.
Vom Duft der Wüste. Gedichte (284 Seiten)
Andreas Erdmann, Marko Ferst, Monika Jarju u.v.a.
Die Ostroute. Erzählungen (256 Seiten)
Norbert Rheindorf, Hanna Fleiss, Günther Bach u.v.a.
Sommer im Norden. Gedichte (256 Seiten)
Marko Ferst
Republik der Falschspieler. Gedichte (172 Seiten, Engelsdorfer Verlag)
Catherine Santur, Esther Redolfi, Peter Frank u.v.a.
Vom Mut der Anderen. Erzählungen, Gedichte und Essays über Menschenrechte (316 Seiten)
Esther Redolfi, Michaela Bindernagel, Catherine Santur
Die Regensammlerin. Erzählungen, Gedichte und Essays: Ökologie, Naturlandschaften und Zukunft (256 Seiten)
Lena Kelm
Manchmal dauert ein Weg ein Leben lang. Vom Gulag nach Berlin (248 Seiten)
Anna B. Lippmann, Francesco Mancino, Renate Maria Riehemann u.v.a.
Von raffinierten Kochkünsten. Erzählungen und Gedichte über erlesene Speisen (320 Seiten)
Peter Frank, Gudrun Baruschka, Peter Lechler u.v.a.
Helle Herbstlichter. Erzählungen und Gedichte (440 Seiten)
Karin Posth, Benjamin Frech, Klaus Kayser, Peter Frank u.v.a.
Meere, Flüsse, Seen. Erzählungen und Gedichte (415 Seiten)
Mio Mandel, Christine Zeides, Magnus Tautz, Manfred Burba u.v.a.
Sommerfrühstück. Erzählungen und Gedichte (436 Seiten)
Alfred J. Signer, Helmut Glatz, Volker Teodorczyk u.v.a.
Im falschen Abteil. Gedichte (380 Seiten)

Leseproben: www.literaturpodium.de Bestellung: wettbewerb@literaturpodium.de